AF498344

ÉMILIE

ET

SAINT-PREUX,

OU

L'OFFICIER DE MÉRITE,

DRAME

EN TROIS ACTES ET EN VERS,

PAR M. MARANDON.

Représenté pour la premiere fois par les Comédiens du Roi, sur le Théâtre de Bordeaux, les 13, 15 & 17 Décembre 1783.

Conatus fuit in laude, eventus in casu.
APULÉIUS, Florid.

A BORDEAUX,

Chez PALLANDRE l'aîné, Libraire & Bibliothécaire de Monseigneur le Maréchal de Mouchy, place St. Projet,
AU GRAND MONTESQUIEU.

M. DCC. LXXXIV.

A MONSEIGNEUR
PHILIPPE DE NOAILLES,
DUC DE MOUCHY,

Maréchal de France, Grand d'Espagne de la premiere Claſſe, Prince de Poix, Marquis d'Arpajon, Vicomte de Lautrec, Baron d'Ambres, & des Etats du Languedoc, &c. Chevalier des Ordres du Roi & de la Toiſon d'Or, Grand'Croix de l'Ordre de Malthe, Gouverneur de Verſailles, Marly & dépendances, Lieutenant-Général & Commandant en Chef dans le Gouvernement général de la Province de Guienne.

MONSEIGNEUR,

En me permettant de rendre public ce faible témoignage de la reconnoiſſance reſpectueuſe que je dois à vos bontés, vous avez rempli le vœu le plus cher à mon cœur. Que ne m'est-il permis de m'énorgueillir aux yeux de mes Concitoyens du gage précieux par lequel vous avez bien voulu avouer l'hommage de mon zèle & encourager mes timides efforts !....

Ce tribut, MONSEIGNEUR, vous appartenait à plus d'un titre. Si ma voix s'est élevée au-dessus de la foule des acclamations publiques pour glorifier les noms des Héros de la Patrie ; à qui devais-je plutôt consacrer mes chants qu'à celui qui a l'avantage de compter dans sa Maison ces généreux Défenseurs que la France idolâtre, & que l'Immortalité a déjà placés dans son Temple ?

L'Amérique ne les prononce qu'avec respect les noms glorieux du M.is de LA FAYETTE & du Vicomte DE NOAILLES. Elle sait tout ce qu'elle doit de reconnaissance au premier ;

(1) elle a admiré la constance & la fermeté du second au milieu de ces marches pénibles, où, malgré l'éclat de son rang, on l'a vu partager les fatigues du dernier de ses Soldats (2).

---

(1) Un des grands Hommes qui ont le plus contribué à la révolution de l'Amérique Septentrionale, c'est sans contredit, M. *le Marquis de la Fayette.* Les bornes d'une note ne permettent point de relater des faits qui seront à jamais consignés dans les fastes de la gloire ; mais il est à remarquer que le bisaïeul, l'aïeul & le pere de ce jeune Héros sont morts au lit d'honneur les armes à la main. Qui ne connaît la haute réputation dont a joui le *Maréchal de la Fayette,* sous CHARLES VI, & qui gagna la fameuse bataille de *Baugé* contre le Duc de CLARENCE, frere de HENRI V, Roi d'Angleterre. M. le *Marquis de la Fayette* suit rapidement les traces de ses Ancêtres, & les Annales de la France, de l'Angleterre & de l'Amérique, ont déjà consacré ces hauts faits qui ont illustré sa carrière dans cet âge où celle des plus grands Héros n'est pas encore annoncée.

(2) « Les Officiers même élevés au sein des grandeurs & » des délices, marchaient souvent à la tête des Troupes, » (dit *l'Auteur du nouveau voyage dans l'Amérique Septentrionale*), & il cite, entre autres, M. le VICOMTE DE NOAILLES, qui a fait toute la route à pied. « Le titre de » beau-frere de M. *le Marquis de la Fayette,* ajoute-t-il, a » le plus excité le respect des habitans de la nouvelle Angle- » terre ; & ç'a été pour les jeunes Américaines une distinc- » tion flatteuse d'avoir dansé avec M. le VICOMTE DE » NOAILLES. »

Qu'il dut être doux pour votre Illustre Nièce, MONSEIGNEUR, le moment où son Epoux, couvert de gloire, vint la recevoir des mains de son Auguste Souveraine, & la pressa contre son sein aux acclamations d'un peuple immense !... Quel dut être à vous-même l'excès de votre attendrissemenz, lorsqu'après avoir pressé dans vos bras le Vengeur de l'Amérique, vous les rouvrîtes pour un Fils, qui a associé sa renommée à la sienne !....

Il n'appartient point au faible crayon d'un Eleve, d'esquisser des tableaux réservés aux pinceaux des grands Maîtres. Si j'ai osé énorgueillir mes vers des noms imposans des D'ESTAING, des LA FAYETTE, des CRILLONS, c'est bien moins par une présomption trop ordinaire à l'indiscrette médiocrité, que par la certitude de voir la Nation applaudir à un hommage que confirmera la Postérité.

DÉDICATOIRE. vij

C'était sur-tout au Théâtre d'une Province qui a le bonheur de vous avoir pour Chef, qu'il appartenait de faire éclater plus particulierement les signes de sa reconnaissance :

Les neuf Muses sont sœurs, & les beaux Arts sont freres (1).

Pouvaient-ils se réunir pour une occasion plus précieuse, & l'assurance que vous avez reçue, MONSEIGNEUR, de l'attachement respectueux des Citoyens de Bordeaux dans ce jour à jamais mémorable (2), où vous daignâtes honorer leur Spectacle de votre présence ; n'était-elle pas bien due aux efforts que votre zèle vous dicte sans cesse pour leur bonheur ?...

Il était réservé à votre Maison de donner à la Nation Française le spectacle aussi glorieux que nouveau de deux freres recevant en même-temps des mains du Monarque, le Sceptre des Guerriers, honorable prix de leurs longs services.

____

(1) Voltaire.
(2) 25 Août 1783, jour de St. Louis.

Votre modestie, MONSEIGNEUR, *m'impose silence sur tout ce qui vous est personnel: Le sage a des droits à nos hommages, mais il les refuse, & sa vertu, lui suffit.*

Je suis avec un profond respect,

MONSEIGNEUR,

*Votre très - humble &
très - obéissant serviteur,*

MARANDON.

PRÉFACE.

LE préjugé que l'on a tâché de combattre dans le Drame fuivant, avait déjà été indirectement attaqué par le *Déferteur* de M. *Mercier*. « Croiriez-vous (*dit St.*
» *Franc*, *Act. III*, *Scen. I*), croiriez-
» vous, dis-je, que la moitié des Officiers,
» placés fans aucuns services, à la faveur
» de leur naiffance, fouffrent de me voir
» à leur côté. Je les entends fouvent dire
» derriere moi : ce n'eft qu'un Officier
» de fortune. Ils fe fouviennent de mon
» obfcure origine, ils oublient les cica-
» trices dont ce fein eft couvert (1). »

On ne cite en entier ce paffage, que pour répondre au reproche de trop de

---

(1) Cette Piece, jouée depuis quinze ans en Province, a été repréfentée pour la premiere fois à Paris le 25 Juin 1782.

hardieſſe fait à l'Auteur de cet Ouvrage, qui certainement a employé, dans une plainte à peu-près ſemblable, des expreſſions beaucoup plus ménagées que celles de M. *Mercier.*

J'ai éprouvé, en mettant cette Piece au jour, combien il eſt dangereux de heurter de front des prévention trop accréditées (1). Mais j'étais ſûr d'avance de mortifier l'amour-propre, & la certitude de ſes plaintes n'a pas été capable de m'intimider.

« N'eſt-il pas étonnant, dit *l'Young*
„ *Français*, qu'on ait pu jouer une Piece
„ de Brueys, intitulée, *la Force du Sang*,
„ où l'on nous repréſente un Payſan qui
„ a mis ſon fils à la place d'un Gentil-
„ homme, & où ce noble ſuppoſé ſe

------

(1) Je n'entends point parler ici des injures, ſarcaſmes, libelles, & autres turpitudes anonymes que j'ai vu éclore depuis la premiere repréſentation de *Dugueſclin à Bordeaux.* On doit s'attendre à de pareilles honnêtetés de la part d'une certaine claſſe d'Ecrivains ; & je ſuis convaincu depuis long-temps, avec M. *Duclos, qu'il n'y a rien de plus mépriſable au monde que la canaille de la Littérature.*

» trouve avoir des inclinations groſſieres ?
» Eſt-ce aux gens de Lettres à accréditer
» un préjugé ſtupide & barbare dont trop
» de perſonnes ſont imbues ? » Dans *la
Force du naturel , de Deſtouches* , cette ſot-
tiſe eſt encore établie dans tous ſes faux
principes.

Il eſt fâcheux pour la gloire de cet
Hercule infatigable du monde littéraire ,
qui , pendant ſoixante années , a attaqué
à la fois les cent têtes de l'hydre des
préjugés ; il eſt fâcheux , dis-je , pour
la grande réputation de *M. de Voltaire* ,
qu'on ait à lui reprocher la même faibleſſe
dans ſa très-faible Comédie de la *Comteſſe
de Givry*. Il l'avoit dit lui-même , & on
l'a répété cent fois dans toutes les langues,
cet axiome ſi vrai & ſi peu reconnu :

Les mortels ſont égaux ; ce n'eſt point la naiſſance ,
C'eſt la ſeule vertu qui fait leur différence (1).

Mais il eſt des vérités dont on ne peut

---

(1) Mahomet , Acte I. Ces deux vers étaient précédem-
ment dans la Tragédie d'Eryphile du même Auteur , Acte II.

convaincre les hommes qu'en employant une certaine violence ; *ce font*, pour me fervir des expreffions d'un Académicien célebre, *des coins qu'on ne peut faire entrer que par le gros bout.*

Je ne me flatte donc point d'obtenir de mes faibles efforts plus de fuccès que n'en ont eu les tentatives de ceux qui ont attaqué avant moi les mêmes opinions. Je ne le fais que trop :

L'orgueil eft un tyran que rien ne peut fléchir (1).

Mais fi ce Drame a l'avantage de jeter au moins quelques confolations dans le cœur de fes victimes, j'aurai obtenu de mon zele tout ce que j'en ofais défirer.

Il ferait affligeant pour l'humanité, que le bel exemple que j'ai mis fur la Scene, dans le perfonnage du Comte d'*Olban*, n'exiftât que dans mon imagination. Je m'empreffe donc de raffurer les ames fenfibles, en leur apprenant que l'anecdote qui fait le fondement de mon Ou-

____

(1) L'Officier de Mérite, Acte III.

vrage, eſt un fait certain, arrivé dans cette derniere guerre ; elle m'a été fournie par un Peintre célebre, qui en a fait lui-même le ſujet d'un Tableau très-intéreſſant. Je ne parlerai point des corrections. Ceux qui ont vu les premieres repréſentations de ce Drame, jugeront eux-mêmes des nouveaux efforts que j'ai faits pour le rendre plus digne de l'accueil flatteur dont le public a bien voulu l'honorer.

Il me reſte à en défendre le titre que des perſonnes, intéreſſées peut-être, ont attaqué avec trop d'aigreur. On a prétendu que le titre d'*Officier de Mérite* était, en quelque façon, une dénomination excluſive, & par conſéquent une injure aux Membres ſupérieurs des Corps Militaires. Je penſerais devoir être aſſez à couvert d'un ſemblable ſoupçon par l'hommage qu'un Maréchal de France a bien voulu agréer de ma Piece ; mais j'ai encore une autorité trop reſpeſtable à alléguer, pour ne pas donner à cet égard une entiere ſatiſfaction à mes Cenfeurs. Ce fera celle de M. *le Duc de Charoft*, Pair de France. Voici fes propres expreffions confignées dans une lettre adreffée à M. le Comte de *Thélis* le 5 Mai 1782.

» Ces Maifons (dit-il, en parlant des » Ecoles Nationales) affureraient à la » génération naiffante une inftitution né- » ceffaire. . . . . . . Faute de cette bafe » commune, les profeffions font embraf- » fées au hafard ; tel eft un Soldat indif- » cipliné qui eût été un habile Commer- » çant ; . . . . . tel un demi-Savant, qui, » en fervant le Roi, fût devenu ce qu'on » appelle un *Officier de Fortune*, c'eft-à- » dire, *Officier de Mérite.* »

Ce feroit peut-être le moment de juf- tifier le genre que j'ai embraffé, & de répondre à la *défignation* que l'on a faite, dans la Préface d'un *Opéra* nouveau, des ouvrages que j'ai déjà donnés au Théâtre. Il me ferait facile peut-être d'ufer de ré- crimination ; mais je me garderai bien de m'embarquer dans une querelle d'Auteurs, car nous avons auſſi des querelles d'Auteurs ſur notre petit horiſon littéraire. Dans ces ſortes de diſputes, les deux partis acquierent toujours un peu de ridicule. Le bon *Abbé Trublet*, de pacifique mémoire, avoit raiſon de dire dans un cercle de beaux eſprits où ſe trouvaient deux hommes fort riches : « *Voyez comme ces deux Meſſieurs ſe mé-* » *nagent, ſe flattent, ſe reſpectent ! Bel* » *exemple à ſuivre ! Ils ne donnent point* » *de Scenes aux gueux, n'en donnons point* » *aux ſots.* »

PERSONNAGES.

Le Comte d'OLBAN, *Officier Général, grand uniforme bleu de Roi, large galon d'or, chapeau à plumet blanc, cocarde noire, veste & culotte écarlatte.* } **M. Lamery.**

EMILIE D'OLBAN, *fille du Comte.* } **Mlle. Touteville.**

EDMOND, *Officier de Mérite, connu sous le nom du Chevalier St. Preux, uniforme blanc, revers de couleur, la décoration de l'Ordre Militaire de St. Louis.* } **M. Cretu.**

ALBERT, *jeune Fermier, ami d'Edmond, fracq uni de drap, costhume simple & décent.* } **M. Emmanuel.**

BAZILE, *vieillard, pere d'Edmond.* } **M. de Champmeslé.**

La Scene est dans une Terre noble, dont Bazile est Fermier.

ÉMILIE

ÉMILIE
ET
SAINT-PREUX,
DRAME.

ACTE PREMIER.

Le Théâtre repréſente un Lieu champêtre, ombragé de grands arbres, quelques cabanes éparſes, des côteaux; dans le lointain, un Château antique termine le payſage.

SCENE PREMIERE.
ALBERT, SAINT-PREUX.
ALBERT.

En ce ſéjour paiſible, après douze ans d'ab-
ſence,
Le Ciel enfin te rend à mon impatience.

Cher Edmond, ... qu'à nos cœurs tu caufas de
    regrets !
Du travail & des ans accablé fous le faix,
Changé par fa douleur & fes longues alarmes,
Ton pere fur ton fort a bien verfé de larmes ;
Le temps, qui tout efface, a comblé fes ennuis ;
Aujourd'hui même encore il appelait fon fils,
Ce fils, qui détruifant l'efpoir de fa vieilleffe,
N'a pas daigné d'un mot confoler fa tendreffe.
J'accufais comme lui ton ingrate amitié ;
Enfin, je te revois ..... & tout eft oublié.

SAINT-PREUX.

Pardonne, cher Albert, oui, de ce long filence,
Je fens qu'avec raifon ton amitié s'offenfe ;
Mais en cachant mon fort, j'efpérais dans ces lieux
Revenir en fecret vous furprendre tous deux.
Mon cœur de ce retour fe faifait une fête.
Ces lauriers dont la gloire a couronné ma tête,
Ce rang de qui l'éclat, aux yeux de mes rivaux,
A flatté mon audace & payé mes travaux,
Moi-même à ce vieillard que ma lenteur outrage,
Le premier je voulais en confacer l'hommage.
Tu le vois, du deftin la rapide faveur
A changé ma fortune & peut-être mon cœur...
Je fens trop aujourd'hui combien je fuis coupable.

ALBERT.

Ce motif à mes yeux doit te rendre excufable,
C'eft un moment d'erreur dont Edmond dut rougir,
Mais qu'efface à jamais ce noble repentir ...
Dans les fens prefque éteints de ce pere fi tendre,
Quel doux raviffement ton afpect va répandre !
Combien, dans fon tranfport, il bénira ce jour ! ...

SAINT-PREUX, *avec un soupir.*

Ah ! pour quelques inftans cachons-lui mon retour.
De ce Vieillard fi cher ménageons la furprife,
D'un bonheur imprévu fon ame trop éprife
Peut-être à cet effort ne réfifterait pas.

ALBERT.

Qu'il tardait à mon cœur de te voir dans fes bras !
De fon étonnement, de fon plaifir extrême,
Cher Edmond, plus que toi je jouirai moi-même.
Ce fils qu'il a pleuré, ce fils fon feul efpoir,
Il ne s'attendait pas, fans doute, à le revoir
Heureux & décoré, des mains de la Victoire,
De ces marques d'honneur, furs garans de ta gloire.
     Rappele-toi ce jour fi cruel pour tous deux,
Ce jour, où le deftin te ravit à nos vœux.
Ce fut fous cet hormeau dont l'antique feuillage
Si fouvent, dans nos jeux, nous prêta fon ombrage,
Que de notre Milice on dreffa les apprêts.
Le Juge était affis fous ce platane épais.
Plus loin, vers les tilleuls qui bordent ces deux
    rives,
Nos meres attendaient, muettes & craintives;
Tandis que tes amis preffés du même effroi,
Formaient, fous ces rameaux, un cercle autour
    de toi....
Là, ton pere abforbé dans un morne filence,
Du coup qu'il redoutait femblait gémir d'avance.
Ses regards, obfcurcis par fon trouble fecret,
Fixaient, impatiens, ce funefte billet
Que ta main lentement déployait avec crainte..
La pâleur de ton front... tes yeux... ta voix éteinte..
Le cri tumultueux qui s'éleva foudain....
Ce malheureux billet échappé de ta main,
Tout vint porter la mort dans fon ame éper due....

De l'injure du sort la tienne trop émûe ,
Eut bientôt à nos yeux repris sa fermeté :
« Mes amis, nous dis-tu, le Ciel m'a contenté :
» Je rougis devant vous d'un instant de faiblesse.
» De ce pere accablé soulagez la vieillesse.
» L'appui qu'il perd en moi, qu'il le retrouve en
        » vous.
» Je vais servir ce Roi que nous adorons tous.
» Un soldat de L o u i s doit être fier de l'être...
» Est-il pour un Français un plus glorieux Maître ?
» Recevez le serment que je fais aujourd'hui
» De lui donner mon sang & d'expirer pour lui. »
Ami , ton jeune cœur veut remplir sa promesse....
Mais quel trouble inconnu & t'agite & te presse ?
Dans ce rang glorieux où je te vois monté ,
Manque-t-il quelque chose à ta félicité ? . . .
Qui peut de ton bonheur empoisonner les char-
        mes ? . . .
Tu ne me réponds point.... je vois couler tes larmes,
Dissipe mon effroi . . .

SAINT-PREUX.

                    Cher Albert, je suis né
Pour être des mortels le plus infortuné.
Ce cœur, trop faible , hélas ! pour les maux qu'il
        endure ,
A besoin d'un ami qui ferme sa blessure ,
Et qui d'un fol espoir prompt à me dégager ,
M'éloigne de l'abîme où je cours me plonger.
Jeté par le destin dans le métier des Armes ,
J'ai passé mon printemps au milieu des alarmes ;
Sous les drapeaux Français prodigue de mon sang ,
Je ne dois qu'à moi seul & ma gloire & mon rang.
Eh ! bien, tous ces exploits, ce brillant avantage
Dont le sort des combats a flatté mon courage ,

Cet ORDRE d'un grand Roi, digne prix de l'honneur,
N'ont pu remplir le vuide où s'égarait mon cœur.
Un fentiment nouveau devait y faire éclore
Un aveugle défir dont la foif me dévore,
Les tranfports infenfés du plus ardent amour,
Et l'affreux défefpoir de brûler fans retour.....
Tu l'as vu ce d'Olban dont l'antique Nobleffe,
Ajoute un nouveau luftre à fa haute fageffe,
Ce digne rejeton des Bayards, des Coucis,
Ce glorieux foutien du Trône de LOUIS;
Malgré le voile obfcur qui couvre ma famille,
Cher Albert, en fecret j'ofe adorer fa fille;
Et ce fatal amour dont je fuis enivré,
Eft d'autant plus cruel, qu'il doit être ignoré.

ALBERT.

Je m'étonne, & te plains....Comment une grande ame
Ne peut-elle étouffer cette indifcrette flamme?
De quel efpoir frivole as-tu flatté ton cœur,
Edmond?

SAINT-PREUX.

Le hazard feul a fait tout mon malheur...
Jaloux de mériter un coup d'œil de mon guide,
Je fuivais LA FAYETTE aux champs de la Floride,
Quand par un bruit confus & d'armes & de voix,
Je fus frappé foudain, aux approches d'un bois:
J'avance........& reconnais, dans un paffage fombre,
Un guerrier, qui malgré leur audace & leur nombre,
Seul, contre fix brigands qui le preffaient tou-jours,
Combattait tout fanglant & défendait fes jours.

Dans le cœur d'un Français l'honneur se fait
    entendre ;
Furieux, indigné, je vole le défendre
Au moment où son fer par ces traîtres brisé ,
Echappait en éclats à son bras épuisé.....
Sur ces vils assassins tombant comme la foudre,
A deux des plus hardis je fais mordre la poudre :
Le reste , loin de moi par la crainte emporté ,
Dans l'épaisseur du bois s'enfuit épouvanté........
Eh bien ! cet inconnu dont la valeur extrême
Succombait sous le nombre...... était d'Olban lui-
    même.
Déjà deux de ses gens par ces lâches percés ,
Près de lui, dans leur sang, expiraient renversés.
« Chevalier , me dit-il , vous me rendez la vie ;
» Sans vous par ces brigands elle m'était ravie.
» Du secours généreux que vous m'avez porté ,
» Mon cœur reconnaissant brûle d'être acquitté.
» Comment récompenser ce zèle magnanime ?
» Quel don pour ce bienfait puis-je offrir ?. » ...
    Votre estime ,
Lui dis-je , & c'est assez pour le cœur d'un
    Français
Dont le zèle est payé par ses propres bienfaits.
  Je l'obtins cette estime , & depuis deux années
L'amitié la plus tendre a joint nos destinées.
Des bords de Chésapeck aux remparts de Mahon ,
Nous suivîmes la voix de ce brave CRILLON (*),
Qui du superbe Anglais réprimant l'arrogance ,
Appelait sous ces murs les vengeurs de la France.
Chargé des étendards de nos fiers ennemis ,

____

(*) » Quel nom que celui de Crillon ! il réveille à l'instant
» dans tout homme qui pense, l'idée de la bravoure & de
» la vertu. » (*Extr. de l'Elog. du Brave Crillon.*)

J'accompagnai d'Olban dans les murs de Paris ;
Comme son défenseur offert à sa famille ,
Sa généreuse main me présente à sa fille.
« Le voilà ce Guerrier dont le noble secours,
» De ton pere , dit-il , a conservé les jours :
» Rends grace à son courage, ô ma chere Emilie !
» C'est mon libérateur, & tu lui dois ma vie. »
Emilie à ces mots leva sur moi les yeux.....
Oui, la foudre est moins prompte à descendre
     des Cieux
Que le trait qui soudain vint pénétrer mon ame.
Je sentis dans mon sein une brûlante flamme ,
Un désordre enchanteur & pénible à la fois ;
Je voulus lui parler...... & demeurai sans voix....
Ami , depuis ce jour mon être se consume
Dans ce feu qu'en secret un fol espoir rallume.
La raison , je le sens, condame mon ardeur ,
Mais l'amour l'encourage & l'emporte en mon
     cœur.

A L B E R T.

Et de l'objet si cher à ton ame égarée ,
Tu dis que cette flamme est encore ignorée ?

S A I N T - P R E U X.

Oui , ce fatal penchant ne s'est point dévoilé.
Mes yeux seuls quelquefois devant elle ont parlé.
Je ne sais si son cœur en entend le langage ,
Mais souvent j'ai surpris sur ce charmant visage
L'embarras ingénu d'une aimable pudeur ,
Et des émotions qui flattaient mon erreur.
Ainsi , suivant dans l'ombre une lueur légere ,
Mon cœur se repaissait d'une douce chimere,
Timide , impatient & toujours incertain ,
Dévorant en secret l'espoir du lendemain.
Déterminé loin d'elle à rompre le silence ,

Je cherchais tour à tour & fuyais sa préfence :
Vingt fois à fes genoux prêt à tout découvrir,
Et vingt fois par la crainte étouffant mon défir.
Combattu par l'amour, entraîné par la honte,
Dans ce féjour enfin j'arrive avec le Comte.
J'y trahis par orgueil le plus tendre devoir,
J'y viens chercher mon pere, & crains de le revoir,
D'expofer, en un mot, aux regards d'Emilie
Le fang infortuné qui m'a donné la vie.....
Ces lieux où je naquis, où je vécus heureux,
D'Olban les réunit aux biens de fes aïeux.
J'ignore & cherche en vain le motif qui l'engage
A joindre ce domaine à l'immenfe héritage
Par les dons de vingt Rois à fa maifon tranfmis ;
Mais d'un vil intérêt d'Olban n'eft point épris :
Son cœur noble eft exempt d'un fentiment vul-
     gaire....
    (*Confidemment.*)
Apprends qu'il doit tantôt interroger mon pere,
Et recueillir de lui des détails plus certains
Sur ces fertiles champs cultivés par fes mains.
Quel trouble dans mon cœur ce projet a fait naître !
A fes regards...... aux miens mon pere va paraître.
Le Comte eft généreux & digne de fon rang.
Mais le vain préjugé de l'orgueil & du fang ,
Qui peut dans fes pareils fe flatter de l'éteindre ?....
S'il connaît ma naiffance, ami, j'ai tout à craindre,
Et je me vois forcé, dans cet horrible jour,
D'étouffer la nature, ou mon fatal amour ;
Cet amour, qui plus fier & plus ardent encore ,
Attife dans mon fang un feu qui me dévore....
O nature ! ....à mon cœur viens rappeler tes loix.
       A L B E R T.
Va , je t'eftime affez pour connaître ton choix ;
Tu n'outrageras point le fang qui t'a fait naître.

Edmond un fils ingrat !.... tu n'es pas fait pour l'être;
Mon cœur te rend justice , & connaît son ami.......
Mais on vient..... C'est le Comte , & ton pere
  avec lui.

SCENE II.

Les précédens. LE COMTE , EMILIE ,
BAZILE.

SAINT-PREUX *sur le devant.*

EMILIE !....... où cacher ma faiblesse &
  ma honte !.....
BAZILE *au Comte , dans le fond.*
Tous ces biens sont à vous.... demain , Monsieur
  le Comte ,
Vous aurez un état de leurs riches produits.
SAINT-PREUX *entraînant Albert.*
Fuyons.... dérobons-lui le désordre où je suis.
        (*Ils sortent sur le devant.*)

SCENE III.

LE COMTE , ÉMILIE , BAZILE.

LE COMTE.

SAINT-PREUX semble nous fuir... d'où naissent
  ses alarmes ?

Dans fes yeux, ce matin, j'ai furpris quelques
    larmes.
Emilie, aurais-tu le fecret de fon cœur ?....

ÉMILIE.

J'ignore, ainfi que vous, d'où provient fa douleur.
C'eft fur-tout aux fecrets que cache l'infortune
Que je craindrais, Monfieur, de me rendre im-
    portune.

BAZILE *au Comte.*

Monfeigneur aurait-il quelqu'ordre à me donner ?

LE COMTE *avec bonté.*

Pardon... Je vous ai fait bien long-tems promener ;
Vous êtes fatigué, bon Vieillard ?

BAZILE.

               A mon âge,
Le plus léger effort épuife le courage.

LE COMTE.

Je voulais avec vous tout voir, tout parcourir.
Cette terre m'enchante, & j'aime à convenir
Que fa fécondité fait un honneur extrême
Aux foins que vous prenez de la régir vous-même.

BAZILE.

Hélas ! ... mes bras jadis ont cultivé ces champs.
Ces ormes par mes mains plantés dans mon prin-
    temps,
Ont vieilli comme moi fur cette terre heureufe :
L'hiver détruit en vain leur parure orgueilleufe,
Plus fiers, ils reverront la faifon des beaux jours.
L'homme feul au tombeau s'enferme pour tou-
    jours....
Pardonnez ma douleur.... ce terme inévitable
Me frappe, en ces momens, d'une horreur qui
    m'accable :

Non que vers le cercueil je marche avec regret ;
Pour les infortunés la mort eſt un bienfait.
Mais ſeul, abandonné dans cet inſtant funeſte,
Pour me fermer les yeux perſonne ne me reſte.

É M I L I E.

D'être ſeul à votre âge on eſt bien malheureux.

B A Z I L E.

L'épouſe dont le ciel avait comblé mes vœux,
Expira dans mes bras, à peine à ſon aurore.
Dieu ! tu vis ma douleur..... & j'y ſurvis encore !
Étouffant mes ſanglots, accablé de regrets,
Je me traînai mourant vers ces ſombres cyprès,
Où la terre a repris ſa cendre infortunée :
Réſolu d'achever ma triſte deſtinée,
J'importunais le Ciel de mille vœux confus ;
J'appelais cet objet qui ne m'entendait plus.
Dans l'affreux déſeſpoir qui troublait ma penſée,
J'eſpérais ranimer cette cendre glacée ;......
Inſenſé !..... de mon ſort j'irritais les horreurs ;
J'embraſſais cette terre humide de mes pleurs ;
Et quand, autour de moi, déployant ſes ténèbres,
La nuit accrut l'effroi de ces objets funèbres,
Je crus voir le moment, où comblant mes ſouhaits,
Le Ciel allait enfin nous unir pour jamais......
A ce ſeul ſouvenir mon ame encor ſuccombe.
Sans des ſecours cruels j'expirais ſur ſa tombe.

É M I L I E.

Sa douleur m'attendrit & trouble tous mes ſens.

B A Z I L E.

Un ſeul fils me reſtait, l'eſpoir de mes vieux ans.
Obligé par le ſort d'aller porter les armes,
Il me laiſſa mourant & noyé dans les larmes.
Douze ans ſont écoulés depuis ce jour cruel,

Dont je n'ai pu bannir le souvenir mortel,
Et malgré tous mes soins, mon ame consternée
Ignore absolument quelle est sa destinée.

LE COMTE.

Modérez, bon Vieillard, ce douloureux transf-
    port.
Peut-être est-il vivant ?

BAZILE.

        Non, non, mon fils est mort,
Ou s'il vit, il en est plus à plaindre peut-être.
S'il avait lâchement abandonné son maître !.....
S'il était déserteur des troupes de son Roi !.....
Cruel pressentiment ! éloignez-vous de moi.
Ah ! le tourment réel du destin le plus rude
Est moins affreux cent fois que mon incertitude.

LE COMTE.

Il ignore les maux que vous avez soufferts ?

BAZILE.

Son Régiment, dit-on, a traversé les Mers.
Aux bords de l'Amérique il a suivi la trace
De ce brave D'ESTAING, si digne de sa race,
Et dont l'illustre nom jusqu'à nous parvenu,
Même dans nos hameaux ne peut être inconnu.

ÉMILIE.

Dans quel lieu sa valeur serait-elle ignorée ?....
Saint-Preux a parcouru cette vaste contrée.
Saint-Preux est avec nous, ... il faut l'interroger.
On sait que le Français chez un peuple étranger,
Fidelle à l'amitié qui console sa vie,
Se rapproche souvent plus que dans sa patrie.
Il peut l'avoir connu.......

B A Z I L E.

        Vous flattez ma douleur;
Mais d'un si faible espoir je sens toute l'erreur.
Sous des Chefs différens servant le même maître,
Ce noble Chevalier sans doute eût pu connaître
Un Guerrier de son rang..... mais un aventurier!...
Un soldat !.....

LE COMTE, *vivement.*

      Un soldat n'est-il pas un guerrier ?
Ne prodigue-t-il pas, & son sang & sa vie ?....
Eh ! qu'importe le rang quand on sert la patrie !

B A Z I L E.

Ah ! Dieu, s'il la servait !

LE COMTE.

        Ne perdez point l'espoir;
Le Ciel a fait souvent éclater son pouvoir
Dans des extrêmités plus cruelles encore.

B A Z I L E.

Exauce mes souhaits, Dieu, que ma voix im-
    plore !......
Mais après tant de soins & de vœux superflus,
Je le désire, hélas !..... & ne l'espere plus.
                (*Il sort.*)

SCENE IV.

EMILIE, LE COMTE.

EMILIE.

CE vieillard m'intéreſſe, & je ne ſais quels
    charmes
Au récit de ſes maux ont fait couler mes larmes.
Le pouvoir d'adoucir le poids de ſa douleur,
Serait de tous les dons le plus cher à mon cœur.

LE COMTE.

Je partage avec toi cet honorable zele,
Touchante affection d'une ame noble & belle !
J'aime les malheureux, & prompt à m'attendrir,
Je ſens que je ſuis homme en les voyant ſouffrir.
Dans la lice effrayante, où ſouvent mon courage
D'un ennemi farouche a preſſé le carnage,
Je ne portai jamais ce ſang-froid meurtrier,
Que l'horreur des combats exige d'un guerrier.
Mon cœur morne & flétri, dans ce moment ter-
    rible,
Pour ma victime même était encor ſenſible ;
Et je ne vis jamais mon bras enſanglanté,
Sans ſentir dans mon ſein gémir l'humanité.
La nature parlait....... elle étouffait ma haine......
  Mais Saint-Preux ne vient point.... Je remarque
    avec peine
Que depuis quelques jours cette ſombre langueur
Altere tous ſes traits & trouble ſon bonheur.
De cet accablement cherchons à le diſtraire :
Ma fille, tu le ſais, ſon amitié m'eſt chere ;

Le jour dont je jouis eſt un de ſes bienfaits :
Dans ſon cœur, s'il ſe peut, rétabliſſons la paix.
Ta voix ſur ſon eſprit a pris quelque puiſſance,
Viens ſervir ma tendreſſe & ma reconnaiſſance.

EMILIE.

Faſſe le ciel, Monſieur, que ce faible pouvoir
Sur votre digne ami rempliſſe votre eſpoir !
Que la paix dans ſon ame à ma voix puiſſe naître!
(*A part, en ſortant.*)
Mon cœur plus que le ſien en a beſoin peut-être.

Fin du premier Acte.

ACTE II.

SCENE PREMIERE.

SAINT-PREUX, *seul.*

JE l'ai donc pénétré ce funeste secret,
Du trouble d'Emilie un autre était l'objet !.....
Jouet infortuné d'une vaine apparence,
Ainsi j'ai tout perdu...... jusques à l'espérance.
Dans l'abîme où je suis quel jour affreux me luit !
Le rêve est effacé......... le désespoir le suit.

    Toi, qui d'un vain éclat énorgueillis mon ame,
Qui vis naître en mon sein cette importune flamme !
Ciel ! lorsque me prêtant un funeste secours,
Au milieu des dangers tu préservas mes jours,
Quand d'un rang trop pompeux tu couvris ma
    misere ,
Fut-ce donc un présent que me fit ta colere ?
Ne m'as-tu protégé que pour mieux me punir ?...

SCENE

SCENE II.

SAINT-PREUX, ALBERT.

SAINT-PREUX.

Mon ami, c'en eſt fait..... je n'ai plus qu'à
  mourir.
Sous le poids de mes maux ma conſtance affaiblie
Ne traîne qu'à regret le fardeau de la vie ;
Je ſuis las d'être en bute aux caprices du ſort ;
Ce que je viens d'entendre eſt l'arrêt de ma mort.

ALBERT.

Tu me glaces d'effroi..... par quels revers encore
Le ciel a-t-il accru l'ennui qui te dévore ?.....
Dépoſe dans mon ſein les tourmens de ton cœur,
Tu ſais ſi ton ami partage ta douleur?......
S'il ne peut diſſiper ces mortelles alarmes.
A tes lármes, du moins, il mêlera ſes larmes ,

SAINT-PREUX.

Ce matin, plus tranquille, après t'avoir quitté,
J'errais dans les détours de ce bois écarté.
Je ne ſais quel attrait, hélas ! trop peu durable,
Répandait dans mon cœur un calme inexprimable.
Un plus vaſte horiſon, cette mâle beauté
Qu'étale la nature en ſa ſimplicité,
Le doux parfum des airs, le zéphir, la verdure,
Affeſtaient tous mes ſens d'une volupté pure.
Le charme impérieux d'un eſpoir ſéduſteur
M'offrait dans l'avenir l'image du bonheur.
J'oſais encor, j'oſais me flatter qu'Emilie

B

Pour jamais à mes vœux ne serait point ravie......
De ce songe trompeur interrompant le cours,
D'Olban paraît, m'arrête, & me tient ce discours:
« Saint-Preux, vous le savez, depuis que la fortune
» A lié nos destins d'une chaîne commune,
» Mon cœur jamais pour vous n'a gardé de secrets;
» Je dois vous informer de mes nouveaux projets.
» Sachez que j'ai fait choix d'un époux pour ma
        » fille,
» Cet époux accroîtra l'honneur de ma famille ;
» Il adore Emilie, & je crois découvrir
» Que ses vœux sont reçus avec quelque plaisir.
» Du nom de cet amant je pourrais vous instruire ;
» Il aime..... il est aimé.... cela doit vous suffire ».
Tandis qu'il m'accablait de ce discours affreux,
Le Comte sur les miens avait fixé ses yeux :
On eût dit qu'ils voulaient, jusqu'au fond de mon
        ame,
Surprendre en ses replis le secret de ma flamme ;
Nul de mes mouvemens ne leur est échappé...
Moi, comme si la foudre à l'instant m'eût frappé,
Immobile, interdit, & me sentant confondre,
J'ai rougi, j'ai pâli, sans pouvoir lui répondre...
Le Comte m'a laissé dans cet état cruel.
Revenu par degrés de mon trouble mortel,
Du sort qui me poursuit j'ai mieux senti l'outrage,
Et j'ai versé de pleurs d'amertume & de rage.

ALBERT.

Edmond, cet entretien doit éclairer ton cœur.
Il est temps d'abjurer une trop longue erreur.
Un Guerrier, de l'amour doit-il être l'esclave ?...
Quand on l'ose combattre, aisément on le brave.
Ton destin peut changer. Oui, ce revers cruel
Peut-être en ce moment est un bienfait du Ciel.

L'amour t'opprime.... Eh ! bien , ose enfin te
　　défendre !
La victoire est à toi, si tu veux y prétendre.

SAINT-PREUX.

Un rival ! ... un rival me dispute son cœur ! ...
Sens-tu combien ce nom redouble ma fureur ? ...

ALBERT.

Etrange aveuglement ! ... Quoi ! l'amour qui
　　t'égare ,
Te rend donc à la fois malheureux & barbare ?
Contemple en quel état cet amour t'a réduit !
L'orgueil exalte l'ame , & le crime le suit.
Qu'importe cette gloire à ta valeur offerte ,
Lorsque de tes vertus elle cause la perte ?
Lorsque ton propre sang semble blesser tes yeux ?

SAINT-PREUX, *vivement.*

Arrête ! ... épargne-moi ce reproche odieux ,
Adoucis la rigueur d'un zele trop austere.

ALBERT.

Ingrat ! ...& ce matin, n'as-tu pas fui ton pere ?

SAINT-PREUX, *avec confusion.*

Ah ! Dieu.

ALBERT.

　　　Va , meurs de honte..... Eh ! que
　　dois-je , en effet ,
Attendre de ta flamme après un tel forfait ?
Contre ses attentats, non, rien ne me rassure.
Tu n'as pas respecté le cri de la nature ;
Ce premier des devoirs , le plus sacré de tous ,
Qu'en traits surs & profonds le Ciel imprime en
　　nous ,
Ton orgueil, à mes yeux , a pu le méconnaître ! ..

Quiconque le trahit fut indigne de naître.
Je venais t'enlever à tes indignes fers,
T'arracher ce bandeau dont tes yeux sont couverts ;
Mais sur un cœur en proie au plus honteux délire,
La voix de l'amitié n'a plus aucun empire.
Puisse ton digne pere oublier avec moi ,
Que son sang a fait naître un ingrat tel que toi !...
Cede aux lâches transports dont ton ame est
      éprise ;
Je ne puis te haïr .... mais mon cœur te méprise.
Adieu...

[*Il sort.*]

SCENE III.

SAINT-PREUX, *seul.*

CIEL !... m'avez-vous assez humilié !...
Ah ! garde ta tendresse & ta fausse pitié !...

[*Il s'assied sur un banc de gazon.*]

D'une ame sans vertus honteux & vain délire ,
Amour, fatal amour ! souffre que je respire !...
Je sens trop que déjà ton dangereux poison
Egare mes esprits & trouble ma raison.
N'es-tu pas las enfin d'irriter ma blessure ?
J'ai trahi l'amitié ... j'ai trahi la nature ,
Cruel !... & ce sont là tes funestes bienfaits !...
Réserve-tu mon cœur à de plus grands forfaits ?...

[*Il se leve.*]

Lieux où je vis le jour, modeste & simple asyle ,
Dont j'ai chéri vingt ans l'obscurité tranquille !

Bosquets silencieux, témoins de mon bonheur !
Vos paisibles attraits n'affectent point mon cœur,
Ce cœur qui s'abandonne au penchant qui le
   dompte ,
Ce cœur ne sent plus rien que sa flamme & ma
   honte.
Mais qui retient mes pas dans ces funestes lieux !
Ne puis-je m'arracher à ce joug odieux ! . . .
Fuyons... O Ciel !... jamais ne revoir Emilie !...
Ce sacrifice affreux me coûterait la vie....
Faible & vaine raison ! à quoi sert ton secours ?
Mais quoi... le Comte m'aime, & j'ai sauvé ses
   jours :
S'il est reconnaissant... ne puis-je pas prétendre
A m'élever à lui, quand j'ai su le défendre ? . . .
Si d'Olban est ingrat, ... ne puis-je l'en punir?...
Sa fille.... de ses mains ne puis-je la ravir ? . . .
Quelle horreur !.... ah ! je sens que ma raison
   s'égare.
D'Olban fut mon ami. . . . mon bienfaicteur. . . .
   Barbare !
Ai-je pu concevoir cet horrible projet? . . .
Ah ! mon ingratitude efface mon bienfait. . . .
   Grace au Ciel ! ce transport sur mes devoirs
   m'éclaire.
Allons. Il faut tomber aux genoux de mon pere ;
Etouffer, s'il se peut, dans son sein paternel ,
Le germe impérieux d'un amour criminel ,
Dont l'amité rougit , dont ma gloire est flétrie ,
Et ne revoir jamais... Dieu... c'est elle !... Emilie !

SCENE IV.
ÉMILIE, SAINT-PREUX.
ÉMILIE.

JE m'apperçois, Monſieur, que depuis quelque
  temps.
Pour vous la ſolitude a des attraits puiſſans.
D'un curieux déſir je ne ſuis point preſſée ,
Mais notre confiance a droit d'être bleſſée
Du ſilence profond dont on vous voit couvrir
Des ennuis , que peut-être on pourrait adoucir.
  Quand près de nous , Saint-Preux , l'amitié
    vous appelle ,
Pourquoi vous iſoler ?
SAINT-PREUX.
          Pardon , Mademoiſelle ;
Je reſſens tous mes torts ; ils ſeront réparés.

  [*D'une voix étouffée.*]

Ah ! mes maux ſont bien grands , ſi vous les
    ignorez !
EMILIE.
Souvent en contemplant les ſouffrances des autres,
Notre cœur ſe ſoulage & reſſent moins les nôtres ;
L'aſpect de maux plus grands nous rend moins
    malheureux.
Il répand quelquefois ſur des jours orageux ,
Cette ſérénité dont le calme propice
D'une ame ſans remords eſt le plus ſûr indice.
C'eſt ce ſpectacle enfin que je veux vous offrir.....

S'il eſt des malheureux qu'il puiſſe ſecourir,
Je vous connais un cœur aſſez noble, aſſez tendre,
Pour le voir à ce droit s'empreſſer de prétendre.

SAINT-PREUX.

Que je reſpecte en vous un ſi généreux ſoin,
Plus que tout autre, hélas !.. mon cœur en a beſoin...
Mais de grace, parlez ; s'il ne faut que ma vie,
Je l'immole avec joie à l'ordre d'Emilie.

EMILIE.

Un vieillard, habitant ces paiſibles hameaux,
A déchiré mon cœur du récit de ſes maux.
Séparé dès long-temps d'une épouſe chérie,
Un fils reſtait encore à ſon ame attendrie ;
Ce fils, il ne l'a plus. Déſigné par le ſort,
Au ſein de ſon pays il a ſervi d'abord ;
Depuis, loin de la France entraîné par la guerre,
Il a ſuivi ce Chef, l'effroi de l'Angleterre,
Qui ſous un autre ciel portant nos étendards ;
A courbé ſous les lys l'orgueil des léopards.
D'un trop frivole eſpoir je me flatte peut-être ;
Mais ce Soldat, Saint - Preux, vous l'auriez pu
    connaître ?
Ou, dumoins ſi ſon nom juſqu'à vous parvenu....
Edmond......

SAINT-PREUX *vivement.*

Que dites-vous ? Edmond !

(*Réprimant ſon mouvement.*)

              Je l'ai connu.

EMILIE.

Eſt-il bien vrai ?.... Ce fils reſpire-t-il encore ?
Quoi !... vous l'avez connu !... ce ſouvenir l'honore,
Il atteſte à mes yeux ſa gloire & ſa vertu,

Sans doute près de vous il aura combattu?
S'il avait partagé la gloire de vos armes!
Venez; son digne pere eft noyé dans les larmes,
Hâtons-nous de porter dans fon cœur éperdu,
L'efpoir de retrouver le fils qu'il a perdu,
Je veux que ce vieillard, dans fa détreffe extrême,
Apprenne fon bonheur de votre bouche même.

SAINT-PREUX.

Ah ! de grace, arrêtez !...... par des tourmens
      nouveaux
De cet infortuné n'irritons point les maux.
Si la fombre douleur dont fon ame eft flétrie,
Par nos faibles fecours ne peut être adoucie,
Refpectons-là dumoins, & ne l'aigriffons pas.....
Edmond eft envers lui le plus grand des ingrats.
Lui, qui de ce vieillard pouvait faire la gloire,
Edmond, le lâche Edmond outrage fa mémoire.
Ce barbare, en un mot, que le fort des combats
A tiré par degrés de l'ombre des Soldats,
N'eft plus, énorgueilli d'une gloire légere,
Qu'un fils dénaturé qui rougit de fon pere.

EMILIE.

Il vit, me dites-vous?.... N'importe, c'eft affez,
Ses torts avec le temps peuvent être effacés ;
Sa valeur à mes yeux en eft le fûr préfage,
Le crime rarement infpire le courage.
Sur les cœurs les plus fiers la nature a fes droits :
Si l'orgueil quelque-temps en étouffe la voix,
Elle a bientôt repris un pouvoir légitime.

SAINT-PREUX.

Ah ! l'orgueil dans Edmond n'eft pas le plus grand
      crime.
Cachant l'obfcurité qui couvre fes aïeux,

Son cœur eft confumé des plus coupables feux.
Une famille illuftre & bien chere à la France,
Penfait lui redevoir quelque reconnaiffance;
L'audacieux Edmond dans fon fein eft admis,
Un ami généreux l'accueille comme un fils;
Bientôt il en reçoit la plus cruelle injure.
Fier d'avoir étouffé le cri de la nature,
Edmond ne fe fentant coupable qu'à moitié,
Veut outrager encor l'honneur & l'amitié;
D'un pere refpectable il trouble la famille;
Ce téméraire enfin ofe adorer fa fille.

(*Aux genoux de Mademoifelle d'Olban.*)

Il fait plus; aveuglé par fon fatal amour,
Il ofe à fes genoux l'avouer en ce jour.

E M I L I E.

Que faites-vous, Monfieur ?.... Quel tranfport vous
    égare ?....
(*Bas.*) Dieu !...... quel trouble inconnu de mon
    ame s'empare!
(*Haut.*) Saint-Preux vous oubliez !.... de grace,
    levez-vous.

S A I N T - P R E U X.

Non, laiffez-moi mourir de honte à vos genoux.
Le voile eft déchiré..... c'en eft fait. ... Emilie!
Sachez que je vous aime avec idolatrie;
Qu'en vain depuis deux ans je combats dans mon
    cœur
Ce feu qui vous offenfe, & qui fait mon malheur.
Sur tous mes attentats que ce jour vous éclaire;
C'eft moi qui fuis Edmond.... Ce vieillard eft mon
    pere.

E M I L I E.

Vous Edmond !...... vous fon fils. (*Bas.*) Je n'en
    puis revenir !...

SAINT-PREUX.

J'allais de vos regards pour jamais me bannir,
Quand, cherchant à tromper la douleur qui me
        presse,
Votre présence ici m'a rendu ma faiblesse.
Eh ! bien, par vos rigueurs que mes feux soient
        punis!
De grace, accablez-moi de tout votre mépris!...
Lui seul de mon amour doit effacer la trace ;
C'est le prix que j'attends de ma coupable audace.
Et si la mort enfin vient finir ma douleur,
J'aurai dumoins, j'aurai cette affreuse douceur,
Sous le poids de mes maux, quand mon ame
        succombe,
De ne point emporter mon secret dans la tombe.
        E M I L I E *bas.*
J'ai peine à dissiper le trouble de mes sens.
        (*Haut.*)
Surprise, avec raison, de tout ce que j'entends,
Je demeure incertaine..... & n'ose ici vous rendre
Ce mépris rigoureux que vous semblez attendre.
De votre amour, Monsieur, si l'orgueil peut rougir...
Je dois craindre, dumoins, de vous le découvrir,
Et de trop affliger, par un devoir sévere,
Celui de qui le bras a défendu mon pere.
        S A I N T - P R E U X.

Ah ! ce faible bienfait n'est plus rien aujourd'hui;
N'eût-il pas fait pour moi ce que j'ai fait pour lui?...
Non., qu'au gré de mes vœux votre courroux éclate !
Par un reste d'égards c'est en vain qu'on me flatte ;
Je viens d'approfondir ce mystere fatal,
L'amour propre n'est pas mon unique rival ;
Il en est, je le sais, de beaucoup plus à craindre.
Prononcez mon arrêt..... Il n'est plus temps de
        feindre :

Un autre de ſes feux recueille un plus doux prix,
Il a votre tendreſſe...... & moi votre mépris.

EMILIE.

Un autre, dites-vous !..... Quel eſt donc ce
   langage !....
A m'accuſer ainſi quel ſoupçon vous engage ?
Je ne m'attendais pas à vous voir démentir
L'eſtime que mon cœur ſe plut à vous offrir ;
Et que ce cœur un jour eût en reconnaiſſance,
A ſe plaindre de vous de ſa premiere offenſe.

SAINT-PREUX.

Emilie !..... Abjurez d'inutiles détours.

EMILIE.

Epargnez-moi l'affront d'un ſemblable diſcours,
Ou je ne puis, Monſieur, plus long-temps vous
   entendre.
A me juſtifier je ne veux point deſcendre,
Mais de tous ces ſoupçons, auſſi vains qu'outra-
   geans,
Quels ſont, répondez-moi, les preuves, les
   garans ?

SAINT-PREUX.

Les plus ſûrs.

EMILIE.

Achevez !.... Daignez me ſatisfaire.

SAINT-PREUX.

Oſez donc démentir.....

EMILIE.

Parlez !.... Qui ?

SAINT-PREUX.

         Votre pere.

EMILIE.

Mon pere !....

SAINT-PREUX.

Oui, lui-même ; il m'a tout révélé,
Ses projets, cet amour qui s'est trop décelé,
L'audace d'un rival & ma honte certaine.
Ah ! si je n'écoutais que le cri de ma haine,
Ce mortel odieux qui ravit votre foi. ....
Mais vous l'aimez...... Ses jours seront sacrés
    pour moi.
Vous recevrez dumoins ce cruel sacrifice ;
Je dois seul me punir & me rendre justice,
Je vais trouver mon pere, embrasser ses genoux,
Implorer mon pardon, & mourir loin de vous.....
Ce généreux d'Olban, qu'oserais-je lui dire ?
De mon éloignement s'il cherchait à s'instruire,
Daignez lui déclarer qu'un rigoureux devoir
Me force, en ces momens, de partir sans le voir.
Qu'il ignore sur-tout ma flamme criminelle !...
J'ose encor l'exiger..... Adieu, Mademoiselle ;
Du malheureux Edmond s'il se vit outragé,
Votre orgueil par sa mort sera bientôt vengé.
                (*Il sort.*)

SCENE V.

EMILIE, *seule.*

Mon orgueil ! . . . . Ah ! Saint-Preux , as-tu
     donc pu le croire ? . . . .
Je viens de l'obtenir cette affreuse victoire.
Quelle me coûte cher ! . . . . . . & que dans ma
     douleur ,
Je frémis à mon tour d'interroger mon cœur ! . . . .
Je sens trop qu'en secret il excuse sa flamme. . . . .
Combien son désespoir a déchiré mon ame !
A ses moindres regrets je la sentais s'ouvrir ;
Un mot de plus , hélas ! . . . . . & j'allais me trahir. . . .
Ah ! Saint-Preux , cet orgueil , s'il te condamne
     encore ,
Tu dois être vengé. . . . . Je sens que je t'adore ;
Si ce fut ton rival , il te cede aujourd'hui ;
Un soupir de ta bouche est plus puissant que lui. . . .
De la faible Emilie est-ce à toi de te plaindre ? . . .
Des rivaux ! . . . . . . dès long-temps tu n'en as
     plus à craindre.
Ma raison s'arme en vain , ton pouvoir est plus
     fort ;
Si tu naquis sans nom , c'est la faute du sort.
Déjà du rang obscur où le Ciel te fit naître ,
La gloire t'a vengé. . . . . l'amour le doit peut-être.
D'un préjugé frivole & barbare à la fois ,
Ne pouvons-nous braver les ridicules Lois ?
Eh ! qu'importe le sang où tu puisas la vie ,
Le tien ne fut-il pas versé pour la Patrie ? . . . .
Oui , je le reconnais. . . . . . il est digne de moi ,

Et l'honneur l'ennoblit   coula pour son Roi.
    Vainement contre toi je voudrais me défendre.
Mon pere vient, ô Ciel ! . . . . quel parti dois-je
    prendre ? . . . .
Il faut l'interroger, il faut approfondir,
Ces projets que je brûle & crains de découvrir.
Un moment avec lui pourrais-je me contraindre ?...
C'est la premiere fois que mon cœur cherche à
    feindre.

SCENE VI.

LE COMTE, EMILIE.

LE COMTE.

JE vous cherchais ma fille ; & puisque dans ces
    lieux,
Le hasard, sans témoins, nous rassemble tous deux,
Je veux vous découvrir mon ame toute entiere.
Mais je dois, avant tout, vous faire une priere.
De grace, parlez-moi sans nul déguisement ;
Ecartez de mon cœur un soupçon alarmant.
Ainsi que notre ami, rêveuse & solitaire,
Votre esprit a perdu de son calme ordinaire.
D'un si prompt changement mes yeux sont étonnés ;
Je vois avec douleur que vous m'abandonnez.
Quoi ! ne suis-je donc plus votre ami le plus tendre ?

EMILIE.

Ce reproche, mon pere, a droit de me surprendre.
De me justifier mon cœur est trop jaloux
Pour garder plus long-temps le silence avec vous.

Vous aimer, vous chérir, est ma plus douce étude ;
Et jusques sous vos yeux si quelque inquiétude
A de votre Emilie altéré le bonheur ,
Votre ami , je l'avoue , en est le seul auteur ,
Je souffre autant que vous de ses sombres alarmes ,
Et. . . . . . tous mes sens encor sont émus de ses
      larmes.
De nous fuir pour jamais son regret est affreux.

LE COMTE.

De nous fuir !

EMILIE.

      Sans pouvoir vous faire ses adieux ;
Un soin indispensable & cher à sa mémoire
Le force à s'éloigner.

LE COMTE.

      Je ne saurais le croire.
Quoi !.... vous avez souffert qu'il partît sans me voir ?

EMILIE.

Je vous l'ai dit, Monsieur, un rigoureux devoir
De se rendre vers vous ne l'a pas laissé maître.

LE COMTE.

Mon estime à ce trait ne peut le reconnaître ;
C'est à mes sentimens faire un cruel affront.
Quel est donc le motif d'un départ aussi prompt ?

EMILIE.

Au fond de votre cœur, je craindrais de lui nuire
En le justifiant.

LE COMTE.

      Non, non , daignez m'instruire.

EMILIE.

Jusqu'ici dans Saint-Preux vous vîtes un ami.

En le connaissant mieux ce goût s'est affermi.
De vos jours menacés quand il prit la défense ;
Quand votre cœur s'ouvrit à la reconnoissance,
Vous ignoriez, Monsieur, qu'un préjugé fatal
Ne pouvait dans Saint-Preux vous offrir votre égal.
Il ne se prévaut point de ce faible service ;
Lui-même, en s'estimant, sait se rendre justice.
Il chérit son ami, mais craint, avec raison,
De blesser en secret l'orgueil de sa maison.
Sa présence à la fin peut se rendre importune.
Apprenez que Saint-Preux ne doit qu'à la fortune
Sa réputation, son titre, son état,
Et qu'on l'a vu servir dans le rang de soldat.
Quoique favorisé, des mains de la Victoire,
D'un grade dont l'éclat vous atteste sa gloire,
Il ne s'est point flatté d'égaler aujourd'hui
Un grand nom qui bientôt eût pu rougir de lui ;
Son cœur à cet affront a voulu se soustraire.
De son éloignement voilà tout le mystere :
S'il est d'autres motifs ... je les crois inconnus.

LE COMTE.

Ainsi donc, mes projets deviendraient superflus !
Et quand de son bonheur je faisais mon étude,
Mes soins seraient trompés par son ingratitude !...
Mais il est parti seul, & je ne comprends pas....

EMILIE.

Ici... près de son pere il arrête ses pas.

LE COMTE.

Quoi, son pere !... [*bas.*] à ce nom ma surprise
    est extrême.
[*Haut.*] Et cet aveu cruel, qui vous l'a fait ?

EMILIE, *avec noblesse.*

                Lui-même.
                 Cet

Cet honnête vieillard , dont les vives douleurs
Ce matin devant vous ont fait couler mes pleurs ,
C'eſt ſon pere....

.L E C O M T E , [bas]

Ce jour m'apprend à le connaître.

[*Haut.*]

Emilie, à vos yeux je rougirais peut-être
De vous cacher encor mes ſecrets ſentimens.
Si l'on a vu Saint-Preux combattre aux derniers
      rangs ,
Je ſais ce que je dois, à moi-même , à ma gloire ,
Aux Aïeux dont je veux honorer la mémoire.
Ma fille , j'eus des torts , je les réparerai :
Je l'aimais.... déſormais je le reſpecterai.
Vous apprendrez de moi comme il faut qu'on
      révere
Un ſoldat tel que lui dont la patrie eſt fiere.

[*Emilie témoigne ſa ſurpriſe.*]

A ſa valeur , ſais-tu ce qu'il en a coûté ,
Pour parvenir au rang où tu le vois monté ?
De ces Corps impoſans , écoles de la guerre ,
Connais-tu juſqu'où va la diſcipline aûſtere ?
Apprend que cet état que dédaigne l'orgueil ,
De plus d'un Grand peut-être auroit été l'écueil :
Que ce n'eſt point aſſez d'un courage intrépide ,
Pour ſe flatter d'y faire une courſe rapide ,
Et que la moindre erreur , le plus léger oubli ,
Dans l'ombre, ſans retour, y tient enſeveli.
C'eſt là qu'avec rigueur toute loi s'exécute ;
On y voudrait en vain faire oublier ſa chûte ;
L'intrigue n'y peut rien , les ſoins ſont ſuperflus ,
Et quiconque eſt tombé , ne ſe releve plus....
Va , ſouvent plus d'un Chef de qui l'heureuſe
      audace
Ne dut qu'à ſes aïeux , & ſon titre , & ſa plaçe ,

C

Et dont le faſte inſulte au guerrier ſans éclat ,
Fût mort aux derniers rangs , s'il eût été ſoldat.

ÉMILIE.

J'ai peine à croire encor ce que je viens d'entendre.
Eſt-il bien vrai , Monſieur , qu'un ſentiment plus
    tendre
Bannit de votre cœur l'injuſte préjugé
Dont le mérite obſcur eſt ſouvent outragé ?
Un Noble dont l'orgueil trop aiſément ſe bleſſe.....

LE COMTE.

La nobleſſe du cœur eſt la ſeule nobleſſe ;
C'eſt là qu'elle eſt écrite , & qu'on la voit bien
    mieux
Que dans un vain amas de titres faſtueux.
Je ſens qu'avec juſtice un Grand ſe glorifie
De ces noms reſpectés & chers à la patrie ;
Qu'on peut s'énorgueillir , avec quelque raiſon ,
De compter dans le ſein de ſa propre maiſon ,
Ces Héros dont l'hiſtoire atteſte la vaillance ,
Et dont le noble ſang a coulé pour la France :
Mais ce n'eſt qu'en marchant ſur leurs pas glo-
    rieux
Que l'on devrait oſer les citer pour aïeux.
Le rang ſans la vertu n'eſt plus qu'une chimère :
Un grand nom perd ſes droits quand l'ame dé-
    génère.

ÉMILIE.

De quel raviſſement vous pénétrez mon cœur !
Oui , la vertu ſans doute eſt le ſuprême honneur,
Et Saint-Preux en ſent trop la généreuſe flamme
Pour ne pas conſerver tous ſes droits ſur votre ame.

LE COMTE.

Saint-Preux à mon amour eſt auſſi cher que toi.
Le ſecret de ſon cœur n'en eſt plus un pour moi ;
On trompe rarement l'œil clairvoyant d'un père.
J'avais de ſa naiſſance éclairci le myſtère ;
Et quand je le preſſai de me ſuivre en ces lieux ,
Quand j'unis ce domaine aux biens de mes aïeux ,
J'avais quelques deſſeins , & je me flatte même
De les voir approuvés d'une fille que j'aime.
Adieu..... Si tu m'entends ne me décèle pas :
Saint-Preux ignore tout..... Je vole ſur ſes pas.

(Il ſort.)

SCENE VII.

ÉMILIE, ſeule.

Quel nouveau jour me luit !..... Saint-Preux ,
    dois-je le croire !......
Ah ! je me flatte trop d'un bonheur illuſoire ;
Je ne puis être à vous , & tous ces vains projets
A mes ſens agités ne rendront point la paix.....
Mais , ſi l'on a ſurpris le ſecret de ſon ame ,
En rappelant Saint-Preux , c'eſt approuver ſa
    flamme ?......
Non , non , d'un voile épais ce myſtère eſt cou-
    vert.
Entre ces deux penſers mon cœur flotte & ſe
    perd.
Dans le trouble cruel dont je me ſens atteinte ,
Je paſſe vainement de l'eſpoir à la crainte.

Sur un doute accablant je crains de m'arrêter ;
L'espoir qui me séduit , je n'ose l'écouter.
Allons. Il faut sortir de mon incertitude.
A ma faible raison ce supplice est trop rude ;
Prévenons mon destin , & sachons en ce jour ,
Si l'orgueil d'un grand nom peut céder à l'amour.

Fin du second Acte.

ACTE III.

SCENE PREMIERE.

SAINT-PREUX, ALBERT.

SAINT-PREUX.

Oui, je l'accomplirai ce fatal sacrifice.....
Tu m'arrêtes, Albert, aux bord du précipice ;
Dans mon aveuglement j'y tombais sans retour.
Tu leves de mes yeux le bandeau de l'amour.
Je sens mon cœur plus calme, & je commence
  à croire
Qu'il pourra remporter cette affreuse victoire.

ALBERT.

Tu le dois, cher Edmond, & ta gloire en dé-
  pend ;
Pour ce faible succès songe au prix qui t'attend.
En cédant sans combattre au penchant qui t'op-
  prime ,
Pour jamais à tes yeux tu perdais ton estime :
Dans son égarement déjà plus affermi,
Ton amour outrageait ton pere & ton ami;
Fidelle à ses devoirs, de ses passions maître ,

Devant eux, fans rougir, Edmond pourra pa-
    raître.

SAINT-PREUX.

Qui, moi !.... Je reverrais !..... Non, la fuir pour
    toujours,
Aux bouts de l'univers aller cacher mes jours,
Éteindre dans les pleurs ma vie infortunée,
Mourir en l'adorant,..... Voilà ma deftinée.
    Albert ; ton cœur exempt d'ambitieux défirs,
Ne connaît dans l'amour que fes tendres plaifirs.
L'aftre dont la clarté majeftueufe & pure
Des bords de l'Orient fourit à la nature,
Ne voit point les foucis obfcurcir ton reveil ;
Un calme bienfaifant préfide à ton fommeil :
Satisfait, adoré d'une époufe chérie,
Aucun trouble fecret n'empoifonne ta vie ;
L'hymen fur tous vos pas répand fes tendres fleurs.
Vos innocens plaifirs font purs comme vos cœurs.
Ah ! dans l'obfcurité de ces humbles afyles,
Que n'ai-je pu couler des jours auffi tranquilles,
Inconnu, fans remords, au fein de mes foyers,
Loin du fafte des Cours & du bruit des Guerriers,
Ignorant qu'au-delà des hameaux où nous fommes
Il exiftât encore un monde & d'autres hommes !...
Le fort qui me ravit à ces heureux climats,
Qui guida ma jeuneffe au milieu des combats,
En flattant mes défirs d'un état illufoire,
Aux dépens du bonheur me vend un peu de gloire.
De fes triftes faveurs voilà donc tout le fruit !...
Il me donna l'orgueil... & l'orgueil me punit...
Hélas ! : ... combien de fois il m'arracha des
    larmes !...
Sache que ces Guerriers, compagnons de mes
    armes,
Oubliant que l'honneur m'a rendu leur rival,

Refufent , dans Saint-Preux , de connaître un
    égal ! . . .
Ces bleffures , ami , qui couvrent ma poitrine ,
Ne peuvent effacer mon obfcure origine ,
Et des flots de mon fang je n'obtiens d'autre prix
Que de l'ingratitude & d'injuftes mépris.

A L B E R T.

Tu te trompes, Edmond ; l'ennui qui te confume ,
Répand trop fur tes fens fa funefte amertume.
Tes braves compagnons, ces Juges de l'honneur,
Savent mieux eftimer le zele d'un grand cœur.
S'il en eft , [à regret je confens de le croire ;]
Qu'importune en fecret l'image de ta gloire ,
Que peuvent contre toi leurs traits injurieux ?
Dépend-il, en effet , de quelques envieux ,
Au rang de fes vengeurs quand la France te
    nomme ,
De flétrir , par dédain , la valeur d'un brave-
    homme ? . . .
A qui fert bien fon Roi tous les rangs font égaux.
Je n'ai pas feulement habité ces hameaux ;
Dans nos Cités , par fois, j'ai vu quel eft l'hom-
    mage
Que le peuple Français aime à rendre au courage.
Va, . . . ce ne feront point ces nobles Vétérans ?
Blanchis fous les lauriers , endurcis dans les
    c amps ,
Qui rougiront d'avoir un foldat pour émule ;
Laiffe à tes vains rivaux leur fafte ridicule :
L'honneur qui te couronne aux regards de ton
    Roi ,
Te venge en les plaçant bien au-deffous de toi.

S A I N T - P R E U X.

Peut-être je m'égare , en ma douleur profonde

Mais ton opinion fait trop d'honneur au monde.
Tu ne l'as point connu ce préjugé fatal,
Dont l'homme, avec dédain, accable son égal.
De ce despote altier par-tout il est l'esclave.
Son bras s'appesantit sur celui qui le brave ;
Des exploits, des vertus il semble encor s'aigrir.
L'orgueil est un tiran que rien ne peut fléchir.
J'ai tout à redouter de sa rigueur extrême ;
Qu'en attendrais-je, hélas ! .... il m'égara moi-
    même.

ALBERT.

Eh ! que t'importe enfin cette injuste rigueur ?
Ami, ta récompense est au fond de ton cœur ...
De ses propres vertus qu'un monde vain outrage,
Qu'il est doux de pouvoir se rendre témoignage !
Et qu'il est beau, sur-tout, de ne devoir qu'à soi
La splendeur de son rang, l'estime de son Roi ! ...
Laisse à l'orgueil le soin d'obscurcir ta mémoire.
Aux yeux de la raison, qu'importe un peu de
    gloire ?
Le mortel vertueux, le meilleur citoyen,
Voilà le vrai héros ! .... tout le reste n'est rien.

SAINT-PREUX.

Ta voix de mes soucis chasse la nuit obscure ;
Tu fais luire à mes yeux une clarté plus pure :
J'admire en t'écoutant ton généreux transport.
Le Ciel à tes vertus devait un plus beau sort.
Quel est le Grand, témoin d'un aussi noble zèle,
Qui ne s'honorât pas de t'avoir pour modèle ? ...

ALBERT.

De mon obscurité mon cœur est satisfait.
Pour obtenir peut-être un dangereux bienfait,
Je n'adresserai point mes vœux à la fortune ;

Et le Ciel m'eſt témoin que ſi je l'importune ,
C'eſt pour qu'il daigne enfin , après tant de
    rigueur ,
Au ſein de mon ami répandre le bonheur.

SAINT-PREUX.

Je l'obtiendrai par toi , cher Albert ; je l'eſpère.
Allons me proſterner aux genoux de mon père ;
Ton eſtime m'engage au ſacrifice entier ,
Je ſuis impatient de la juſtifier ! . . .
Conduis-moi , digne ami , qu'à l'inſtant je le
    voie ! . . .

ALBERT.

Modère ce tranſport où ton ame eſt en proie.
En le voyant ſur-tout , renferme ton déſir ;
Au ſort inattendu dont elle va jouir.
Préparons par degrés ſon ame faible & tendre ! . . .
Je reviens avec lui. . . . tu peux ici m'attendre.

SAINT-PREUX.

Va , preſſe ton retour , cher Albert. . , hâte-toi !
Songe que les inſtans ſont des ſiècles pour moi.

SCENE II.

SAINT-PREUX, *ſeul.*

DE quel trouble enchanteur je ſens mon ame
    atteinte !
Je puis donc déſormais reſpirer ſans contrainte ;
Edmond , par le devoir ton cœur eſt donc
    changé ? . . .

De quel horrible poids je me fens foulagé !...
O mon pere ! ... aujourd'hui vous pourrez recon-
naître
Un fils digne de vous ... digne d'elle peut-être !
Belle Emilie ! ... ô vous, que j'ofe encor nommer,
Ce feu que dans mon fein vous fûtes allumer,
Votre orgüeil déformais n'aura plus à s'en plaindre,
La nature, l'honneur, ... vos mépris vont l'é-
teindre.
Vos mépris !..... Que ce mot eft crüel pour mon
cœur ! ....
Peut-être il vous accufe avec trop de rigueur ;
Peut-être que ce cœur, trop fenfible & trop tendre,
Aux mots de votre bouche aura pu fe méprendre !....
Si j'ofais conferver quelque refte d'efpoir !...
Si ce feu que fouvent dans vos yeux j'ai cru voir,
Le malheureux Edmond eût pu le faire naître ?...
Dieu ! fi j'étais aimé ! .... que m'importe de l'être ?
Quand par un fort cruel tous nos vœux font déçus,
Se voir aimer alors, n'eft qu'un tourment de plus.

SCENE III (*).

SAINT-PREUX, BAZILE, ALBERT.

BAZILE *dans le fond.*

ALBERT, guide mes pas.

SAINT-PREUX, *fur le devant.*
Quels fons viens-je d'entendre ?

(*) Il faut abfolument que dans tout le commencement
de cette Scene, St.-Preux fe tienne un peu éloigné des deux
autres Acteurs.

Dieu !... mon pere !... c'eſt lui !... j'ai peine à
  me défendre
De voler à ſes pieds.... Moment cher & cruel !...

BAZILE.

Eſt-ce là , cher Albert , ce généreux mortel
Qui daigne par pitié , conſoler ma miſère ?...

ALBERT.

C'eſt lui-même.... Avançons.

SAINT-PREUX.

      Il approche.... O mon père !
Comme ſes longs malheurs ont altéré ſes traits !...

BAZILE.

Je ne ſais ſi le ciel prépare à mes ſouhaits
La grace que ſouvent ont demandé mes larmes ,
Mais un preſſentiment ſecret & plein de charmes ,
S'empare , en ces momens , de mes ſens affaiblis...
Ainſi j'étais ému quand je voyais mon fils.

SAINT-PREUX.

Et je ne puis parler !........ trop cruelle contrainte !

BAZILE.

Ah ! Monſieur , pardonnez ;... c'eſt avec quelque
  crainte ,
Que j'oſe interroger vos ſecours bienfaiſans
Sur un fils dont le Ciel a privé mes vieux ans.
A-t-on flatté mes maux d'un bonheur chimérique ?
Vous avez fait la guerre aux champs de l'Améri-
  que ;
Ce malheureux Edmond dont j'ignore le ſort ,
Dois-je pleurer , hélas ! ou ſa vie ou ſa mort ?

SAINT-PREUX.

Banniſſez les terreurs de votre ame attendrie :
Ce jour eſt pour Edmond le plus beau de ſa vie ;

Il vit, il eſt heureux, & ſi j'en crois ſa foi,
Digne d'un ſi bon père & digne de ſon Roi.

BAZILE.

Veille-je !... eſt-il bien vrai?... mon fils... Edmond
    reſpire !...
Je crains que mon bonheur ne ſoit un vain délire.
Dieu !... qui daignes combler mon unique déſir,
Fais que je puiſſe encor l'embraſſer & mourir !

SAINT-PREUX.

Bientôt vous le verrez..... Ah ! plus que vous peut-
    être,
Edmond à vos regards brûle ici de paraître :
Albert à vos genoux l'aurait déjà conduit ;
Mais nous craignons tous deux que ſon aſpect ſubit
Ne prenne ſur vos ſens un dangereux empire.

BAZILE.

L'aſpect d'un fils ſi cher, à mes ſens peut-il nuire ?
Ah ! de grace, vers lui daignez guider mes pas ;
Que je revoie Edmond, que j'expire en ſes bras !

SAINT-PREUX.

Eh ! bien, vous l'allez voir.... O Vieillard reſpec-
    table !
Cet Edmond envers vous eſt un fils bien coupable.
En apprenant ſes torts pourrez-vous le chérir ?...
Lui pardonnerez-vous d'avoir oſé rougir
De l'honorable ſang qui lui donna la vie ?

BAZILE.

Si ſon cœur m'offenſa, ma tendreſſe l'oublie,
Rien ne pourra troubler un plaiſir auſſi doux.

SAINT-PREUX.

Reconnaiſſez-le donc............ Il eſt à vos genoux.

B A Z I L E.

Edmond !.... Dieu... fe peut-il !... mon fils !....
ô jour profpère !
Dans quel éclat le Ciel te rend-il à ton pere ?....
[*Il repouffe Edmond.*]
Mais quel trouble funefte égare mes efprits !.....
Cruel !....... vous me trompez , vous n'êtes pas mon
fils.

S A I N T - P R E U X.

Mon père , ...votre cœur peut-il me méconnaître ?
Je fuis..... je fuis Edmond, & fais gloire de l'être.

B A Z I L E.

C'eft fa voix..... c'eft fon cœur.... oui , je le reconnais.
De fa mère, en effet, voilà bien tous les traits...
Amis...... fi mon bonheur, hélas ! n'eft qu'un
vain fonge ,
Que j'expire, du moins, dans cet heureux menfonge !....
Mais, non , ... c'eft lui.... grand Dieu !.... tu ne
me trompes pas....
Tu reftes à mes pieds, mon fils !......... viens dans
mes bras !...
Eft-ce une illufion ?....... Ah ! je n'ofais le croire,
Je puis donc être encor le témoin de ta gloire :
Cher Edmond, mon bonheur a furpaffé mes vœux...
Mais par quels coups du fort , par quels fuccès
heureux ,
As-tu donc mérité l'éclat qui t'environne ?
Dans ce jour fortuné tout m'enchante & m'étonne.

S A I N T - P R E U X.

Je ne veux point troubler des momens auffi doux ,

Et rappeler ce jour, où m'éloignant de vous,
Je vous laiſſai, mon père, arroſé de mes larmes:
Je ne parlerai point de mes premières armes ;
La fortune par fois, doit aider la valeur :
C'eſt en la provoquant que j'ai trouvé l'honneur.
   Un Héros adoré d'une épouſe chérie,
Jaloux de confirmer l'eſpoir de la Patrie,
Du lit de l'hymenée accourt en ces climats
Où la fiere Albion, comblant ſes attentats,
Voulait courber ſes fils ſous un joug tyrannique:
Je ſuivis ſes drapeaux aux champs de l'Amérique.
C'eſt là que la fortune, au milieu des hazards ;
De mon illuſtre Chef m'attira les regards.
Après dix ans entiers de travaux & de peine,
Elevé, par degrés, au rang de Capitaine,
Je reçus de mon Roi cet ORDRE réſervé
Au zèle, à la bravoure, au courage éprouvé.....
Qu'il m'eſt doux d'obtenir du plus grand des
    Monarques,
Pour le prix de mon ſang ces honorables marques,
Dans un âge, où ſuivant un généreux eſſor,
Je puis ſous ſes drapeaux le voir couler encor !

BAZILE.

Dieu ! qui me rends mon fils, tu connais ſi je
    l'aime,
Ses jours me ſont cent fois plus chers que les
    miens même ;
Mais j'apprendrais ſa mort comme un bienfait
    de toi,
Sur de nouveaux lauriers s'il mourrait pour ſon Roi.

SAINT-PREUX, *bas.*

Ah ! c'eſt là déſormais mon unique eſpérance,
    (*haut.*)
Aux pieds de ce Monarque adoré de la France,
J'ai porté les drapeaux par nos mains enlevés

Aux rivaux orgueilleux qui nous ont trop bravés.
Je n'entreprendrai point de ce Roi jeune & sage
De vous tracer ici la glorieuse image ;
Est-ce à ma faible voix de chanter ses vertus ?....
Sous les traits de HENRI c'est l'ame de TITUS.
Mais ce Prince, à jamais l'honneur du diadême,
Vous ne connaissez pas combien son Peuple l'aime.
J'ai vu dans leurs transports, Grands, Citoyens,
  Soldats,
Tous les cœurs à l'envi s'empresser sur ses pas.
France, de ton amour pour ton auguste Maître ,
L'avenir étonné sera jaloux peut-être.
Quand le sort des combats, suspendant nos succès,
D'un triomphe précaire énorgueillit l'Anglais ;
Des rives de la Muse aux campagnes du Rhône,
J'ai vu la Nation porter aux pieds du Trône ,
Ses trésors, sa fortune, & montrer aux humains
L'amour que tout Français a pour ses Souverains.
Monarque bienfaisant !.... Dans ce jour plein de
  charmes ,
De tes yeux attendris on vit couler de larmes....
Dispose de mon sang , il est tout à mon Roi.
Eh ! qui n'est pas jaloux de le verser pour toi?

B A Z I L E. (*)

» De ce Prince, ô mon fils ! les bontés généreuses
» Ont aussi protégé ces campagnes heureuses.
» Sans le bruit des exploits de nos braves Guer-
  » riers ,
» J'ignorerais encor, au sein de mes foyers ,
» Que contre ses voisins la France eût fait la
  » guerre.

(*) Les quarante Vers suivans, marqués de guillemets, se passent à la représentation.

» Le fléau deſtructeur qui ravageait la terre
» N'eſt point venu troubler ces tranquilles ha-
    » meaux ;
» Nul impôt n'a frappé nos utiles travaux.
» Eloignant de nos champs le char de la victoire,
» Louis n'a dans ces lieux fait voler que ſa gloire.

SAINT-PREUX.

» Aux bouts de l'Univers elle a ſu parvenir ,
» Et doit s'étendre encore aux ſiècles à venir.....
» Au milieu de ſes eaux, quand le hardi Batave
» De l'altier Caſtillan rougit d'être l'Eſclave ;
» Quand las des longs affronts, qu'il prétendit laver,
» A ſon indépendance il oſa s'élever ;
» Malgré tous les efforts de la fiere Angleterre ,
» Il fallut ſoixante ans de carnage & de guerre ,
» Avant de raffermir ſur d'heureux fondemens ,
» Cet état , vers ſa chûte incliné ſi long-temps.
» Aux yeux des Nations de ſa gloire étonnées ,
» Louis pour ce ſuccès n'a pas mis quatre années :
» Et l'Amérique enfin triomphante aujourd'hui ,
» De ſes indignes fers n'eſt libre que par lui.

ALBERT.

» O zèle d'un grand Roi, dont l'équité profonde ,
» Du ſceptre des Tyrans veut délivrer le monde !
» D'autres le glaive en main iront le ravager ,
» T'on triomphe, ô mon Maître !..... eſt de le
    » protéger.

SAINT-PREUX.

» Je la vois s'élever la nouvelle CARTHAGE
» Sur les débris du joug de l'antique eſclavage :
» Le ſage WASHINGTON y rétablit les Lois ;
» Au ſein d'un peuple libre il marche égal aux
    » Rois.

» De

» De l'or des Nations les fources plus fécondes
» Y verfent à grands flots les tréfors des deux
       » Mondes ;
» Et l'augufte CONGRÉS qui veille à fon bonheur,
» A l'Occident furpris découvre fa grandeur....
» Réjouis-toi, LOUIS !... fa gloire eft ton ouvrage,
» A l'Immortalité tu voles fur ce gage :
» Il eft plus beau, dût-on s'en voir même offenfer,
» De fonder un Etat que de le renverfer. »

B A Z I L E.

A ta voix, cher Edmond, je fens couler mes larmes.
Qu'ils font doux à mon cœur ces momens pleins
       de charmes !

S A I N T - P R E U X.

Ah ! de les prolonger que n'ai-je le pouvoir !....
Mon père , pardonnez..... Un funefte devoir
M'appelle & me contraint de troubler votre joie.
Edmond de la douleur eft déformais la proie ;
Celle de vous quitter dans cet heureux moment,
Eft déjà de fes torts le premier châtiment.

B A Z I L E.

Me quitter !.... Quoi?.... Tu veux abandonner
       ton père ?

S A I N T - P R E U X.

Oui, je dois m'impofer un exil néceffaire.....
Ah ! lorfque dans vos bras je n'ofe m'arrêter,
Jugez à cette loi fi je puis réfifter.
J'ai trop tardé peut-être.

B A Z I L E.

                Eh bien ! je vais te fuivre...
Il ne me refte plus que quelques jours à vivre ,
Dans les bras de mon fils je veux les voir finir ;

D

Je preſſerai ta main à mon dernier ſoupir.
- Et qu'importe où le Ciel exige que je meure !....
Je l'abandonnerai cette antique demeure,
Où mes pères ont vu former mes premiers pas ,
Ces bois que j'ai plantés, ces paiſibles climats ,
Cette tombe où repoſe une cendre ſi chère.
Mes pleurs arroſeront une terre étrangère :
Ombre que j'adorais, tu ne m'entendras plus ,
Mes derniers vœux pour toi deviendront ſuperflus...
O regrets trop amers qui viennent me ſurprendre !...
Ma cendre ne pourra ſe rejoindre à ta cendre !
Non..... C'eſt exil m'impoſe une trop dure loi,
Je le ſens, cet effort eſt au-deſſus de moi.
Mon fils !......

SAINT-PREUX.

Par vos regrets n'aggravez point mes peines;
Laiſſez-moi loin de vous briſer d'indignes chaînes :
Hélas !... j'ai trop appris à connaître mon cœur ;
Chaque inſtant qui m'arrête ajoute à ma terreur.
Il faut nous ſéparer.

BAZILE.

Eh ! quoi, dans ce jour même,
Tu veux m'abandonner ?

SAINT-PREUX.

Ma peine en eſt extrême ;
Accuſez-en du ſort les rigoureuſes lois.
Je vous laiſſe à regret, ... il le faut..... je le dois;
A la néceſſité que vos déſirs ſe rendent ;
Le repos de mon cœur & ma gloire en dépen-
dent.

BAZILE.

C'était de tous mes jours aujourd'hui le plus beau,
Il n'a lui qu'un inſtant au bord de mon tombeau.

Je vais donc loin de toi terminer ma carrière.....
Cher Edmond !...... reste, au moins, pour fermer
   ma paupière.

SAINT-PREUX.

Épargnez à mon cœur de trop cruels adieux.
Peut-étre quelque jour je reverrai ces lieux.
Si la Paix, si mon Roi me rend à vos asyles,
Puissai-je y retrouver des destins plus tranquilles !...
Albert, dans ses douleurs, daigne le soulager ;
Douter de tous tes soins ce seroit t'outrager......
Vous saurez mes desseins..... Je pars..... Adieu,
   mon père.
Que le sort à mes vœux soit propice ou contraire,
Votre fils au-dessus de ses injustes coups,
Ne cessera jamais d'être digne de vous.

BAZILE.

Soutiens-moi, cher Albert, la force m'abandonne.

SAINT-PREUX, *prêt à sortir, il est arrêté
   par l'arrivée subite du Comte & d'Emilie.*

Que vois-je !..... c'en est fait.... l'abîme m'environne.

SCENE IV, ET DERNIERE.

Les précédens. LE COMTE, ÉMILIE.

LE COMTE.

Arrete.... je sais tout, & j'ai tout entendu.
A mon attente, Edmond, ton cœur a répondu....
Aux périls de tes jours tu m'as rendu la vie.

M'acquitterai-je affez en t'offrant Emilie ?

SAINT-PREUX.

Le généreux d'Olban infulte à mon malheur !...·
Ah ! Dieu.... ce dernier trait a déchiré mon cœur·

LE COMTE *avec dignité.*

Tu m'outrages , Edmond ; apprends à me con-
    naître.
Si ton cœur eût trahi le fang qui t'a fait naître ,
Sur le mien fans retour tu perdais tous tes droits.
Malgré mon amitié , malgré ce que je dois
A ta haute valeur dont la mienne eft jaloufe ,
Non ,..... ma fille jamais n'eût été ton époufe.....
Cette épreuve eft la feule où tu feras foumis.
Le Ciel à mes défirs n'a point donné de fils ,
Sois le mien. . . . Un brave homme en qui la vertu
    brille ,
Eft fait pour honorer la plus noble famille.....
    Edmond , ma fille t'aime , & j'ai lu dans ton
    cœur :
C'eft de vous déformais que j'attends mon bonheur.

SAINT-PREUX.

Qu'entends-je !..... quel difcours vient frapper
    mon oreille ! ....
Eft-ce un fonge ? .... j'héfite & ne fais fi je veille.
Moi, j'oferais penfer que des nœuds fi charmans ...
Ah ! fans doute un preftige a fafciné mes fens.
Vous-même ici , tantôt , en éclairant mon ame,
Avez porté l'Arrêt qui condamne ma flamme.
Ces projets.... cet hymen.... ce mortel glorieux....
Ce rival, en un mot.....

LE COMTE.

            Le rival de Saint-Preux,
C'eft Edmond.

EMILIE.

Il est vrai ; vous n'en eûtes point d'autre ;
Et mon cœur partageait la même erreur du vôtre.

LE COMTE *à Saint-Preux.*

Je ne m'acquitte pas en formant ce lien ;
J'agis pour son bonheur autant que pour le mien.

SAINT-PREUX.

Ah ! Monsieur ! ... ah ! mon père ! ... adorable
   Émilie ! ....
Du plus affreux néant je reviens à la vie.
Quoi ! ... je serais à vous ? ... quoi ! .... vous
   daignez m'aimer ? ...
Mon bonheur est trop grand, je ne puis l'exprimer.

EMILIE.

Trop rigoureusement vous jugeâtes peut-être
Un cœur qui redoutait de se faire connaître ;
Mais dans vous , cher Edmond , quand j'obtiens
   un époux ,
Apprenez que ce cœur avait brûlé pour vous.
D'un sentiment trop cher je n'ai pu me défendre :
Ce secret mal voilé vous l'auriez pu surprendre ,
Aujourd'hui j'en fais gloire en le mettant au jour,
L'hymen doit acquitter les dettes de l'amour.
   [*Saint-Preux lui baise la main.*]

LE COMTE.

Mes enfans , que ce jour est cher à ma tendresse ! ..
Le Ciel à tes vertus refusa la noblesse ,
Edmond , mais qu'il est beau de la tenir de soi !
Emilie à mes yeux est moins noble que toi.
   Dans la vôtre aujourd'hui je confonds ma
   famille ;
Bon vieillard , daignez-vous la recevoir pour fille ?

BAZILE.

J'admire & je me tais ... généreux bienfaicteur,
Mon filence répond à cet excès d'honneur,
Mais quand je la reçois cette faveur infigne,
Mon cœur eft affez haut pour croire en être digne.

SAINT-PREUX.

Albert, ma récompenfe eft due à tes bienfaits ;
Le cœur de ton ami ne l'oubliera jamais.

ALBERT.

Pardonne-moi l'excès d'un zèle trop févère.
Cette rigueur, Edmond, eft fouvent falutaire :
De ces reproches durs, en fecret j'ai gémi :
Mais l'ami qui nous flatte eft un mauvais ami.
Va... j'étais fûr de toi : dans une ame auffi pure,
L'orgueil n'étouffe point la voix de la nature.

LE COMTE.

Mes amis, il eft temps d'expliquer mes projets.
Edmond, je connaiffais ton ame & fes fecrets.
J'avais fondé fur toi le bonheur de ma vie,
Et la félicité de ma chère Emilie ...
Tous ces fertiles champs que je viens d'acquérir,
A ce bon père, à toi, c'était pour les offrir :
De ces paifibles lieux déformais fois le maître.
Albert & tes amis me béniront peut-être.
En leur donnant Saint-Preux aujourd'hui pour
    Seigneur,
Au fein de ces hameaux je fixe le bonheur.

SAINT-PREUX.

Ah ! comment reconnaître un auffi noble zèle !...

LE COMTE.

Je l'ai porté plus loin.... d'une gloire nouvelle
Je prétends à jamais illuftrer ma maifon.

Le Roi me l'a permis ; tu peux prendre mon
    nom ,
Il n'ajoutera rien fans doute à ta mémoire ;
Mais ta bravoure , Edmond , en accroîtra la
    gloire.

SAINT-PREUX.

Vous accablez mon cœur , ami trop généreux !
La nobleffe du fang n'excita point mes vœux ;
Mais ce nom refpectable , il comble mon envie :
Qu'il eft cher à mon cœur !... c'eft celui d'Emilie.

LE COMTE.

Va , le plus noble fang , j'en juge d'après toi,
Eft celui qui fert mieux fa Patrie & fon Roi.

FIN.

Permis d'imprimer & de repréfenter , à Bordeaux
le 19 Novembre 1783.
    figné , MONNERIE , Jurat.